GEMÜSE

EINMAL ANDERS

KÖNEMANN

SPARGEL

Dieser Aristokrat unter den Gemüsepflanzen wird schon seit Tausenden von Jahren von jedem Genießer ganz besonders geschätzt. Schon in 5000 Jahre alten ägyptischen Gräbern hat man Darstellungen von Spargelpflanzen gefunden. Zum Glück gibt es noch immer Spargel, und auf den Wochenmärkten wird je nach Jahreszeit frischer Spargel zu einem annehmbaren Preis angeboten.
Es gibt zwei Arten: den dicken weißen Spargel, den vor allem die Franzosen lieben, weil er zart ist und ein feines Aroma hat, und den schlanken grünen Spargel, der dagegen weniger faserig ist als der weiße und ein kräftigeres Aroma hat.

ALS BEILAGE

Spargel mit thailändischem Dressing

Zubereitungszeit: 8 Min.
Kochzeit: 6 Min.
Für 6–8 Personen

2 Bund frischer Spargel
1 kleine Zwiebel in Scheiben
1/2 Becher gehackte Minze
1/2 Becher gehackter Koriander
125 ml Pflanzenöl
1 EL Limonen- oder Zitronensaft
1 EL fertige Fischsauce
Prise rote Chiliflocken
Kopfsalatblätter zum Garnieren

1 Spargel putzen und schräg in 8 cm lange Stücke schneiden. In einem zugedeckten Topf über kochendem Wasser ungefähr 4–6 Min. dünsten, bis er gerade weich ist. Unter kaltem Wasser abschrecken und auf Küchenpapier abtropfen lassen.
2 Spargel mit Zwiebelscheiben, Minze und Koriander vermischen. Zudecken und 2–3 Std. vor dem Auftragen in den Kühlschrank stellen.
3 Spargelmischung auf Salatblättern im Teller anrichten. Öl, Zitronensaft, Fischsauce und Chiliflocken vermischen und darüber gießen.

Spargel mit thailändischem Dressing

HINWEISE FÜR SPARGEL

Zarte grüne Spargelspitzen schmecken in einem Omelett, einer Quiche oder auch als Bestandteil eines Salates köstlich. Man kann sie auch unter Rühren braten, bis sie knusprig weich werden.

WIE MAN SPARGEL KAUFT

Nur festen Spargel nehmen. Das abgeschnittene Ende sollte feucht sein, die Spitzen fest und geschlossen. Zugedeckt im Kühlschrank aufbewahren; wird er nicht gleich verarbeitet, in etwas Wasser stellen.

SPARGEL SCHÄLEN

Wurden dicke, zähe Spargelstangen gekauft, schält man den unteren Teil der Stangen am besten mit einem Kartoffelschäler, bis man zum weichen Inneren kommt. Wie üblich kochen.

Als eigene Mahlzeit

Kalbsschnitzel mit Zitronensauce

Zubereitungszeit: 15 Min.
Kochzeit: 30 Min.
Für 4 Personen

1 Bund frischer Spargel (12 Stangen)
8 Garnelen, gekocht und geschält
4 magere Kalbsschnitzel
Mehl
30 g Butter
1 EL Zitronensaft
4 EL Hühnerbrühe (Instant)
4 EL Sahne (oder magere Kondensmilch)
2 Eigelb
30 g Butter für die Sauce
1 EL gehackter Schnittlauch

1 Spargel in kochendes Wasser geben und weich kochen, ca. 10–12 Min. Unter kaltem Wasser abschrecken, dann abgießen. Harte Enden vom Spargel abschneiden.
2 Fett und Bindegewebe von den Schnitzeln entfernen, Fleisch dünn klopfen. Im Mehl wenden und überschüssiges Mehl abschütteln. Butter in der Pfanne schmelzen, Schnitzel dazugeben und 4–5 Min. auf jeder Seite braten. Herausnehmen und warm stellen. Pfanne für die Sauce spülen.
3 Brühe, Zitronensaft, Sahne und Eigelb in die Pfanne geben und bei geringer Hitze umrühren, bis die Mischung warm wird, aber nicht kocht. Nach und nach die zusätzliche Butter einrühren. Unter ständigem Rühren Mischung dick werden lassen, ohne daß sie kocht. Schnittlauch dazugeben und mit Gewürzen abschmecken.
4 Jedes Schnitzel mit drei Spargelstangen und zwei Garnelen garnieren, darüber löffelweise Zitronensauce geben.

Spargel im Stehen

Man kann frischen Spargel hervorragend in einem Spargeltopf kochen. Den Spargel aufrecht hineinstellen, und 3–4 cm Wasser dazugeben. Dann werden die Stangen weich, während die Spitzen zart sind.

Spargel aus der Dose

Um die zarten Spargelspitzen in der Dose beim Öffnen nicht zu beschädigen, öffnet man die Dose besser am unteren statt am oberen Ende.

Spargel kochen

Am besten kocht man gebündelten Spargel stehend in einem großen Topf in ungefähr 4 cm Wasser. Wasser aufkochen lassen, Spargelbund hineingeben und zugedeckt weich kochen. Schauen die Spargelspitzen über den Rand, mit provisorischem Deckel aus Folie abdecken.

Wenn die alten Römer zum Ausdruck bringen wollten, daß etwas ganz schnell fertig werden muß, sagten sie: »Mach es in weniger Zeit, als Spargel zum Weichwerden braucht.« Das beweist wohl deutlich, wie wichtig es ist, Spargel nur kurz zu kochen, bis er gerade weich, aber noch fest ist. Dünnen Spargel nach 4 oder 5 Min. prüfen, dicken nach 8 Min.. Spargel wird auch heiß mit geschmolzener Butter oder einer Hollandaise serviert, oder er kommt gekocht und kalt mit einer Vinaigrette auf den Tisch. Weiter wird Spargel in der Suppe, in Quiches und Soufflés und zum Garnieren verwendet.

Bohnen

Früher mußte bei grünen Bohnen der Faden entfernt werden. Das ist in den meisten Fällen inzwischen jedoch dank neuer Zuchtsorten überholt, so daß man bei jungen, weichen Bohnen vor dem Kochen nur noch die Spitzen an beiden Enden abknipsen muß. Man kann sie das ganze Jahr über frisch kaufen.

Als Beilage

Grüne Bohnen in einer Sauce mit Pfiff

Zubereitungszeit: 5 Min.
Kochzeit: 14 Min.
Für 4 Personen

500 g grüne Bohnen
20 g Butter
1 TL Worcestershiresauce
1 TL Zitronensaft
grob geriebene Zitronenschale zum Garnieren

1 Bohnenspitzen an beiden Enden abknipsen, und Bohnen in 5 cm lange Stükke schneiden. In kochendes Wasser geben und 10–12 Min. kochen; in der Mikrowelle (zugedeckt) in 125 ml Wasser bei 500 °C 8–10 Min. garen. Unter kaltem Wasser kurz abschrecken. Abgießen.

2 Butter in einer Pfanne schmelzen, Sauce, Zitronensaft und abgetropfte Bohnen hineingeben. 1–2 Min. ständig umrühren, bis alles gut mit Sauce bedeckt und gut erwärmt ist. Mit Gewürzen abschmecken, und mit Zitronenschale garnieren.

Bohnen mit pikantem Dressing

Zubereitungszeit: 5 Min.
Kochzeit: 12 Min.
Für 4–6 Personen

250 g grüne Bohnen
40 g geröstete und gesalzene Erdnüsse
1 EL Zucker
2 EL helle Sojasauce
ein wenig Hühnerbrühe (Instant)

1 Bohnenspitzen an beiden Enden abknipsen, Bohnen in kochendes Wasser geben und 10–12 Min. kochen, oder in der Mikrowelle zugedeckt mit 125 ml Wasser bei 500 W 8–10 Min. garen. Unter kaltem Wasser abschrecken. Abgießen. Mit Küchenpapier trockentupfen.
2 Bohnen schräg in lange, dünne Scheiben schneiden, zudecken, und in den Kühlschrank stellen.
3 Erdnüsse in einer Küchenmaschine oder mit einem Handmixer feinmahlen, Zucker und Sojasauce sowie Brühe dazugeben, so daß eine Mischung entsteht, die gelöffelt werden kann. Bohnen mit Dressing begießen.

Grüne Bohnen in einer Sauce mit Pfiff

Bohnen mit pikantem Dressing

Orientalisches Bohnengericht

Orientalisches Bohnengericht

Zubereitungszeit: 8 Min.
Kochzeit: 17 Min.
Für 6 Personen

750 g grüne Bohnen
2 EL Öl
1 TL frischer geriebener Ingwer
2 zerdrückte Knoblauchzehen
1 Selleriestange in Scheiben
250-g-Dose Wasserkastanien, abgegossen und halbiert
1 kleine frische rote Chilischote, entkernt und in Scheiben
3 EL Hühnerbrühe (Instant)

1 Bohnen putzen. Öl in einer Pfanne erhitzen, Ingwer und Knoblauch hineingeben und unter Rühren 1 Min. dünsten. Sellerie und Wasserkastanien dazugeben und 2 Min. unter Rühren garen, bis Sellerie gerade weich ist. Gemüse mit einem Schaumlöffel herausnehmen.
2 Bohnen und Chilischoten in die Pfanne geben und 1 Min. unter Rühren dünsten. Mit Brühe aufgießen und aufkochen lassen, zudecken und 8–10 Min. köcheln lassen, bis die Bohnen gerade weich sind. Sellerie und Wasserkastanien in die Pfanne zurückgeben, und alles 1–2 Min. erwärmen.

ÜBER DIE BOHNE

Die in Mittelamerika beheimatete grüne Bohne kam unter dem Namen Gartenbohne nach Europa. Heute verwendet man Bohnen überall auf der Welt zum Kochen. Zu den unzähligen Sorten gehören zum Beispiel die Feuerbohne, die gelbe Bohne und eine ein Meter lange, schlangenartige Sorte, die im südöstlichen Asien sehr beliebt ist. In kürzere Stücke geschnitten, wird sie als schnellgarendes Gemüse mit einem köstlichen Aroma geschätzt und für die schnellen pfannengerührten Gerichte genommen.

BROKKOLI

Brokkoli mit Meerrettich

Brokkoli stammt aus Südeuropa, und er war schon den alten Römern gut bekannt. Seine gegenwärtige Beliebtheit verdankt er den Vereinigten Staaten, obwohl er dort erst seit 1900 allgemein angebaut wird. Der Brokkolikopf ist nichts anderes als ein grüner Blütenstand auf kurzen, fleischigen Stielen. Beim Kauf auf einen grünen, dichten Blütenstand mit festem Stiel achten. Auch die weicheren Blätter und fleischigen Stiele sind eßbar. Kleine Röschen kann man in Suppen und Salate geben.

Brokkolistiele, geschält, in Scheiben geschnitten und gedünstet, ergeben eine interessante Gemüsebeilage oder dienen, wenn leicht über Dampf gegart, in Kuchen und Füllungen als geradezu idealer Ersatz von frischem Spargel.

Als Gemüse kommt Brokkoli entweder roh oder gekocht auf den Tisch. Er schmeckt köstlich mit zerlassener Butter oder aber mit einer Sauce Hollandaise oder Béarnaise. Nicht zu lange kochen.

Brokkoli ungewaschen im Gemüsefach des Kühlschranks aufbewahren. Weist der Brokkoli eine gelbliche Färbung auf, sollte er sofort verbraucht werden.

Als Beilage

Brokkoli mit Meerrettich

Zubereitungszeit: 6 Min.
Kochzeit: 10 Min.
Für 6 Personen

60 g geschmolzene Butter
3/4 Becher Mayonnaise
2 EL Meerrettichpaste
1 geriebene kleine Zwiebel
1/4 TL trockener Senf
Prise Paprika
1 frischer großer Brokkolikopf
1 EL Zitronensaft
20 g Butter zusätzlich

1 Geschmolzene Butter, Mayonnaise, Meerrettich, Zwiebel, Senf und Paprika vermischen und abschmekken. In den Kühlschrank stellen.
2 Brokkoli in Röschen zerteilen, in kochendes Wasser geben und 6–8 Min. kochen. Unter kaltem Wasser abschrecken. Abgießen.
3 Mit Zitronensaft und zusätzlicher Butter aufwärmen und mit der Meerrettichsauce servieren.

Variante

1/2 Becher Mayonnaise durch die gleiche Menge einfachen, fettarmen Joghurt ersetzen. Ergibt eine scharfe Sauce mit weniger Kalorien.

Vegetarisch

Brokkoli und Käsestrudel

Zubereitungszeit: 20 Min.
Kochzeit: 45 Min.
Für 4 Personen

1 großer Brokkolikopf
1/2 kleiner Blumenkohl
30 g Butter
1 feingehackte Zwiebel
1 zerdrückte Knoblauchzehe
2 EL Mehl
250 ml Milch
2 EL geriebener Parmesankäse
8 Strudelteigblätter
60 g zerlassene Butter, zusätzlich
100 g geriebener Mozzarellakäse

1 Brokkoli und Blumenkohl in Röschen schneiden und 8–10 Min. in siedendem Wasser kochen (oder mit 60 ml Wasser bedeckt für 6–7 Min. auf höchster Stufe in der Mikrowelle garen). Unter kaltem Wasser abschrecken. Abgießen.
2 Zwiebel und Knoblauch in Butter weich dünsten, Mehl dazugeben und 1 Min. andünsten. Vom Herd nehmen und nach und nach Milch dazugeben. Auf dem Herd ständig rühren, bis die Sauce aufkocht und eindickt. Parmesankäse, Brokkoli und Blumenkohl hinzufügen.
3 Strudelteigblätter mit zerlassener Butter bestreichen und Füllung an einem Rand der langen Teigseite verteilen. Rundherum einen 5 cm breiten Rand lassen.
4 Mozzarellakäse über die Füllung streuen. Teigenden einschlagen, aufrollen und fest zudrücken. Das Ganze mit zerlassener Butter bestreichen. Mit der Naht nach unten auf ein Backblech legen und bei 200 °C 30 Min. goldbraun backen.

Brokkoli und Käsestrudel

Praktischer Tip

Den Strudelteig kann man durch Blätterteig ersetzen, den es auch tiefgefroren gibt. Den Teig auf eine Größe von 27 cm x 25 cm ausrollen und wie oben angegeben verarbeiten.

gereicht, ist eine köstliche Vorspeise. Brokkoli bildet darunter einen hübschen Farbtupfer. Einfach die Blätter putzen, Brokkoli unter kaltem Wasser waschen und in mundgerechte Röschen schneiden.

UNERWÜNSCHTE GÄSTE AUS DEM GARTEN

Sorgen Sie dafür, daß in dem von Ihnen gerade frisch im Garten geernteten Gemüse keine kleinen Schnecken sind. Zu diesem Zweck weichen Sie das Gemüse 30 Min. mit einem EL Essig in kaltem Wasser ein.

BEIM KOCHEN BEACHTEN

Wenn Sie Gemüse köcheln lassen und Wasser nachgießen müssen, nehmen Sie warmes, kein kaltes Wasser, denn sonst werden die Gemüsefasern möglicherweise hart.

GEMÜSE IN DER MIKROWELLE DÜNSTEN

2 Becher Gemüse mit 125 ml Wasser 2 Min. bei 500 W kochen. Dann das Gemüse in kaltes Wasser stürzen. Abgießen. Das gedünstete Gemüse kann entweder eingefroren oder sofort zum Kochen verwendet werden.

KNACKIGES, ROHES GEMÜSE

Rohes, in Scheiben geschnittenes oder leicht gedünstetes Gemüse, auf einem Servierteller mit sahnigen Dips

PAPRIKASCHOTEN

Die Paprikaschote, die man meistens in Grün oder Rot erhält, kommt ebenfalls in anderen Farben wie Gelb, Orange und Dunkelviolett vor. Sie hat einen deutlich erkennbaren, milden süßwürzigen Geschmack. Ihre Form reicht von beinahe rechteckig und voluminös bis zu länglich und in einer Spitze zulaufend. Je reifer die Frucht, desto größer ist der Gehalt an Vitaminen und Mineralien.
Man ißt Paprikaschoten entweder als Gemüse oder gekocht oder roh in Salaten. Grüne Paprikaschoten kocht man am besten nur kurz, damit sie ihre leuchtend grüne Farbe behalten und noch knackig bleiben. Rote Paprikaschoten behalten dagegen ihre Farbe und eignen sich von den beiden besser für Gerichte, die länger gekocht werden müssen.

FÜR DIE VORRATSKAMMER

Peperonata

Zubereitungszeit: 5 Min.
Kochzeit: 48 Min.
Ergibt 6 Becher

3 EL Olivenöl
4 große Zwiebeln in dicken Scheiben
5 rote Paprikaschoten, entkernt und in Streifen
125 ml Wasser
1/2 Becher gehackte Petersilie
4 Knoblauchzehen in Scheiben
1 EL Zucker
2 EL abgetropfte Kapern
2 EL weißer Essig

1 Zwiebeln in Öl dünsten, bis sie weich, aber nicht braun sind. Paprikaschoten und Wasser dazugeben, und unter gelegentlichem Umrühren ca. 20 Min. köcheln lassen.
2 Restliche Zutaten einrühren und aufkochen lassen. Rund 10–15 Min. köcheln lassen, bis die Masse sirupartig ist. Abschmecken.
3 Leicht abkühlen lassen. In vorgewärmte Einmachgläser geben. Luftdicht verschließen, Etikett aufkleben und das Datum notieren. Im Kühlschrank aufbewahren. Vor dem Servieren auf Zimmertemperatur erwärmen.

Peperonata

In Scheiben schneiden

Rohes Gemüse läßt sich manchmal einfacher schneiden, wenn man es zuerst so halbiert, daß man eine flache Seite, die man auf das Schneidebrett legt, erhält.

Als eigene Mahlzeit

Paprikaschoten mit Thunfisch-Nudelfüllung

Zubereitungszeit: 8 Min.
Kochzeit: 36 Min.
Für 6 Personen

3 große grüne Paprikaschoten
1 EL Olivenöl
1 feingehackte Zwiebel
1 feingehackte Selleriestange
1 1/2 Becher gekochte Risoni-Nudeln
425-g-Dose Thunfisch
1 1/2 EL Apfelessig
2 EL gehackte schwarze Oliven
2 hartgekochte Eier
75 g geriebener Mozzarellakäse
1 EL geriebener Parmesankäse
Paprikapulver

1 Paprikaschoten der Länge nach halbieren, und entkernen. 2–3 Min. in kochendem Wasser abbrühen. Unter kaltem Wasser abschrecken. Oder legen Sie sie zugedeckt für 1–2 Min. bei 500 W in die Mikrowelle.

2 Zwiebel und Sellerie in Öl 2–3 Min. dünsten, bis die Zwiebel goldbraun ist. Nudeln, Thunfisch, Essig, Oliven und geviertelte Eier untermengen. Abschmekken.

3 Paprikaschotenhälften mit der Thunfischmischung füllen. Beide Käsesorten vermischen, über die Füllung streuen und leicht mit Paprikapulver bestäuben. Auf ein Backblech legen und bei 180 °C 25–30 Min. oder in der Mikrowelle unbedeckt 10 Min. bei 250–300 W backen.

Möhren

Möhren werden schon seit mindestens 2000 Jahren gegessen. Auf der ganzen Welt verwendet man sie als Grundgemüse für Suppen, Eintopfgerichte und Kasserollen. Dank ihrer schönen tieforangenen Farbe und der angenehmen Textur ist die Möhre eines der beliebtesten Gemüse, die gekocht und als Beilage zu Hauptgerichten oder roh in Salaten auf den Tisch kommen.

Möhren sind außerordentlich nährstoffhaltig und generell erschwinglich. Sie enthalten viel Carotin (ein Vitamin-A-Spender) und Mineralien. Im rohen Zustand sind sie bei Kindern, vermutlich wegen ihres hohen Zuckergehalts, so beliebt.

Großartige Vorspeisen

Möhrensuppe

Zubereitungszeit: 12 Min.
Kochzeit: 33 Min.
Für 4 Personen

30 g Butter
6 Möhren in Scheiben
1 zerdrückte Knoblauchzehe
1 gehackte Zwiebel
2 gewürfelte Kartoffeln
1 l Hühnerbrühe (Instant)
4 EL saure Sahne oder Joghurt
2 EL gehackte Kräuter zum Garnieren

1 In einem großen Topf Butter schmelzen. Möhren, Knoblauch und Zwiebel dazugeben und 2–3 Min. dünsten. Kartoffeln einrühren, Hitze verringern, zudecken und Gemüse 4–5 Min. dünsten.
2 Mit Brühe aufgießen, und aufkochen. Abschmecken. Hitze verringern, und Suppe 25 Min. zugedeckt köcheln lassen.
3 Suppe in den Mixer geben. In Suppenschüsseln, mit einem EL saurer Sahne oder Joghurt und Kräutern garniert, auftragen.

Möhrensuppe

Großartige Vorspeisen

Möhren-Feta-Kuchen

Zubereitungszeit: 20 Min.
Kochzeit: 48 Min.
Für 4–6 Personen

4 klein geschnittene Speckstreifen
2 gehackte Zwiebeln
1 geriebene große Möhre
1 EL Öl
5 Scheiben Blätterteig
60 g geschmolzene Butter
125 g klein zerkrümelter Fetakäse
3 Eier
300 ml Milch
50 g geriebener würziger Käse

1 Speck, Zwiebeln und Möhren in Öl 2–3 Min. dünsten, bis Speck knusprig ist.
2 Blätterteigscheiben in der Mitte falten, so daß 5 Doppelhälften entstehen. Eine Doppelhälfte so in eine eingefettete 23 cm große Springform geben, daß sie mit den Ecken über den Rand herausragt. Mit geschmolzener Butter bestreichen. Die zweite Hälfte mit hervorstehenden Ecken so versetzt auf die erste legen, daß jetzt 8 Spitzen herausragen. Mit der Butter bestreichen. Diesen Vorgang wiederholen, bis alle Blätter aufgebraucht sind.
3 Gekochte Mischung auf die Teighülle verteilen und darüber Fetakäse streuen. Eier und Milch miteinander verrühren und über die Füllung gießen. Mit würzigem Käse bestreuen. Bei 180 °C 40–45 Min. backen und heiß oder warm servieren.

ETWAS SÜSSES

Möhrenscheiben mit Karamelguß

Zubereitungszeit: 20 Min.
Backzeit: 30 Min.
Für 12 Personen

100 g Sultaninen
1 EL löslicher Bohnenkaffee
125 ml Wasser
90 g Butter
1 TL Vanillearoma
200 g brauner Zucker
1 Ei
225 g Mehl
1 TL Backpulver
1/2 TL gemahlener Zimt
1/2 TL Natron
2 geriebene kleine Möhren

1 Ein 19 x 29 cm großes, flaches Backblech einfetten. Sultaninen, Kaffeepulver und Wasser zusammen in eine Pfanne geben, aufkochen lassen, vom Herd nehmen und auf Zimmertemperatur abkühlen lassen.
2 Butter, Vanille und Zucker locker schlagen. Ei dazugeben und abwechselnd gesiebte trockene Zutaten und Sultaninenmischung vermischen. Geriebene Möhren unterziehen.
3 Mischung auf bereitstehendes Blech verteilen, und bei 180 °C 25–30 Min. backen. Mit Zuckerguß überziehen und mit Pekannüssen bestreuen. Vor dem Anschneiden auf dem Blech abkühlen lassen.

Karamelguß
2 EL brauner Zucker
30 g Butter
1 EL Milch
200 g Puderzucker
50 g gehackte Pekannüsse

Braunen Zucker, Butter und Milch zusammen in eine Pfanne geben. Unter ständigem Rühren erhitzen, ohne aufkochen zu lassen, glatt rühren. Nach und nach gesiebten Puderzucker unterziehen.

STREIFEN À LA JULIENNE

Für Streifen à la Julienne Möhren erst in der Mitte durchschneiden, dann der Länge nach halbieren. Die einzelnen Stücke nun in längliche dünne Streifen schneiden.

GROSSE WÜRFEL

Mit einem scharfen Gemüsemesser ungefähr 1,5 cm breite Streifen schneiden. Diese dann kreuzweise schneiden, so daß 1,5 cm breite, Würfel entstehen.

KLEINE WÜRFEL

Genau wie die großen Würfel schneiden, nur kleinere Stücke machen. Kleine Möhrenwürfel schneidet man in 5 mm kleine Stückchen.

WEICHE, SÜSSE MÖHREN

Junge Möhren sind sehr weich und süß. Da sich die Vitamine sehr dicht an der Oberfläche befinden, sollte man sie nur mit einer harten Gemüsebürste reinigen oder sehr dünn schälen. In Scheiben oder Streifen à la Julienne schneiden oder ganz lassen, wenn die Möhren sehr klein sind. Für Salat grob reiben. Möhren schmecken auch in süßen Gerichten köstlich, wie der so beliebte Möhrenkuchen beweist.

BLUMENKOHL

Aus der Geschichte ist bekannt, daß Blumenkohl im Nahen Osten bereits im 6. Jahrhundert v. Chr. angebaut wurde und sich im 16. Jahrhundert auch in Europa großer Beliebtheit erfreute. Genau wie den mit ihm verwandten Brokkoli, baut man Blumenkohl wegen des fleischigen Blütenstands auf kurzen Stielen an. Er ist reich an Kalzium.

Wird der ganze Kohl gekocht, entfernt man die äußeren harten Blätter, läßt aber ein paar zarte Blättchen um den Kopf stehen, damit die Röschen beim Kochen keinen Schaden nehmen. Oft kommt der Blumenkohl in Form eines Auflaufs auf den Tisch. Einzelne Röschen gibt man in den Salat. Dafür Röschen in kochendem Salzwasser abbrühen, abgießen, unter kaltem Wasser abschrecken und gut trockentupfen.

Blumenkohl, der beim Transport beschädigt wurde oder gefleckt ist, sollte man so bald wie möglich kochen, damit er nicht verdirbt. Am besten bewahrt man Blumenkohl auf, indem man die grünen Blätter außen entfernt und ihn lose in eine Frischhaltefolie schlägt oder aber in einen großen Plastikbeutel gibt. Im Gemüsefach des Kühlschranks aufbewahren.

VEGETARISCH

Blumenkohlbällchen in Tomatensauce

Zubereitungszeit: 20 Min.
Kochzeit: 15–20 Min.
Für 6–8 Personen

Sauce
12 große, reife Tomaten, geschält und püriert
1 EL brauner Zucker
1 Lorbeerblatt
1 EL Paprika
30 g Butter
1 TL getrocknetes Basilikum

Bällchen
$1\,^1/_2$ große Blumenkohlköpfe
125 g Kichererbsenmehl
1 TL Kreuzkümmel
1 TL getrockneter Koriander
1 TL Kurkuma
$^1/_4$ TL gemahlener Ingwer
$^1/_2$ TL Bockshornklee
$^1/_4$ TL Cayennepfeffer
1 Ei, leicht geschlagen
Ghee (halbflüssige Butter aus Büffelmilch) zum Braten

1 Tomatenpüree in eine Pfanne geben und zum Kochen bringen. Braunen Zucker, Lorbeerblatt, Paprikapulver, Butter und Basilikum dazugeben und ohne Deckel köcheln lassen, bis die Mischung eindickt. Abschmecken. Bis zum weiterem Gebrauch warm halten.

2 Für die Bällchen Blumenkohl fein reiben; dann Kichererbsenmehl, alle Gewürze und Ei dazugeben. Abschmecken und alles gut vermischen.

3 Ghee in einer tiefen Pfanne mit geradem Rand erhitzen. Die Blumenkohlmischung zu walnußgroßen Bällchen formen, und in mehreren Portionen fest und dunkelbraun braten.

4 Aus dem Ghee nehmen, auf Küchenpapier abtropfen lassen und in eine Servierschüssel geben. Heiße Tomatensauce über die Bällchen gießen, und vor dem Servieren Sauce noch kurze Zeit einziehen lassen.

Hinweis: Blumenkohl erst unmittelbar vor der Weiterverarbeitung reiben; sonst wird er sehr feucht.

BLUMENKOHL KOCHEN

Der unangenehme Geruch, der beim Kochen von Blumenkohl entsteht, ist weniger stark, wenn man Walnüsse mit Schale ins Wasser gibt.

Blumenkohlbällchen in Tomatensauce

VEGETARISCH

Blumenkohlcurry mit braunem Petersilienreis

Zubereitungszeit: 20 Min.
Kochzeit: 18 Min.
Für 4–6 Personen

125 ml Öl
1 TL geriebener frischer Ingwer
1 zerdrückte Knoblauchzehe
je 1/2 TL von geriebenem Kurkuma, Koriander und Kreuzkümmel
1/2 TL gelbe Senfkörner
1/4 TL Cayennepfeffer
1 mittelgroßer Blumenkohl, geputzt und in kleine Röschen zerteilt
300 ml Wasser oder Gemüsebrühe (Instant)
200 g tiefgefrorene Erbsen
2 gehackte reife Tomaten
2–3 EL gehackte Petersilie
75 g geröstete Cashew- oder andere Nüsse

1 Öl in einem großen Topf erhitzen. Ingwer, Knoblauch und Gewürze dazugeben und leicht dünsten, bis alles erhitzt, aber nicht braun ist.
2 Blumenkohl und Wasser dazugeben, umrühren und bis zum Köcheln erhitzen. Zudecken und rund 10 Min. garen, bis der Blumenkohl anfängt, weich zu werden.
3 Kichererbsen, Tomaten und Petersilie einrühren und unbedeckt 4–5 Min. weich kochen. Nüsse dazugeben. Auf braunem Reis mit Petersilie servieren.

Brauner Reis mit Petersilie
400 g schnell kochender brauner Reis
1 Bund gehackte Petersilie
1 1/2 EL geriebene Zitronenschale
1/2 TL gespaltene schwarze Pfefferkörner

Reis in reichlich, kochendes Wasser schütten und nach Anweisung auf der Packung ca. 12–15 Min. kochen. Abgießen. Mit den übrigen Zutaten vermengen.

Verschiedene würzige Beilagen:
Als einfache Beilagen zum Curryreis kann man in Scheiben geschnittene Bananen, Joghurt, geröstete Kokosnußstückchen, in kleine Würfel geschnittene rote und grüne entkernte Paprikaschoten und Ananasstückchen servieren.

Blumenkohlcurry mit braunem Petersilienreis

Blumenkohl-Tomatenauflauf

Zubereitungszeit: 15 Min.
Backzeit: 30 Min.
Für 6 Personen

1 Blumenkohl, in Röschen zerteilt
500 g Tomaten, entkernt, geschält und grob gehackt
Pfeffer und Salz zum Abschmecken
100 g geschmolzene Butter
$^1/_2$ Becher frische Semmelbrösel
50 g geriebener Greyerzer- oder Emmentalerkäse
50 g geriebener Parmesankäse

1 Blumenkohl in kochendem Salzwasser garen, bis er weich ist. Abgießen und unter kaltem Wasser abschrecken.
2 Blumenkohl und Tomaten in eine eingefettete Auflaufform geben und mit Pfeffer und Salz abschmecken. Die Hälfte der Butter darübergießen. Semmelbrösel und Käse vermischen, über Blumenkohl und Tomaten streuen und darüber die verbliebene Butter gießen.
3 In einem auf 190 °C vorgeheizten Backofen 30 Min. backen, bis alles gar und der Käse zerlaufen ist.

MAIS

Mais stammt aus dem tropischen Amerika und diente den Indianern als Grundnahrungsmittel. Nachdem Kolumbus ihn nach Europa gebracht hatte, verbreitete er sich über die ganze Welt. Das beste Aroma hat Mais, wenn man ihn kurz, nachdem er geerntet wurde, kauft. Nach Maiskolben mit festen Deckblättern und gut geschlossener Spitze Ausschau halten. In Frischhaltefolie gewickelter Mais, von dem die Deckblätter schon entfernt wurden, sollte nicht gekauft werden. Auch sollte man keinen Mais kaufen, der dunkelgelb ist und bei dem die Körner trocken aussehen.

Mais sollte nicht länger als zwei Tage im oberen Fach des Kühlschranks in einer braunen Papiertüte aufbewahrt werden. Besser ist es, ihn weich zu kochen, abzugießen und schnell abzukühlen. Dann ist er bis zu zwei Tage, in eine Frischhaltefolie gewickelt, im Kühlschrank haltbar.

Zum Aufwärmen einfach in kochendes Wasser geben, bis er erwärmt ist.

Am häufigsten wird Mais wohl am Kolben serviert. Kolben in kochendes, ungesalzenes Wasser geben, weil Salzwasser die Fasern härtet. Eine Prise Zucker dazugeben, denn Zucker verstärkt das liebliche süße Aroma. Rund 8 Min. weich kochen. Sofort mit Butter, Salz und Pfeffer auf den Tisch bringen.

Zum Grillen die Hüllblätter und die Narbenfäden entfernen und mit Butter bestreichen. Jeden Kolben in Alufolie wickeln und weich grillen, etwa 20 Min.

Dabei häufig wenden.

GROßARTIGE VORSPEISEN

Mexikanische Maissuppe mit Zitrone

Zubereitungszeit: 8 Min.
Kochzeit: 28 Min.
Für 6 Personen

1 gehackte kleine Zwiebel
1 gehackte Knoblauchzehe
30 g Butter
2 Becher frische Maiskörner, wahlweise auch tiefgefroren oder aus der Dose
1/2–1 TL scharfes Chilipulver
750 ml Hühnerbrühe (Instant)
250 ml Milch
2 Eier
3 EL Zitronensaft
saure Sahne und gehacktes Grün von einer Frühlingszwiebel zum Garnieren (nach Wunsch)
in feine Scheiben geschnittene Zitronenschale

1 Zwiebel und Knoblauch in Butter 3 Min. goldgelb dünsten. Mais und Chilipulver einrühren. Mit Brühe aufgießen und aufkochen. 20 Min. köcheln lassen.
2 Suppe in eine Schüssel sieben. Feste Bestandteile 30 Sek. in der Küchenmaschine »grobcremig« pürieren.
In die Pfanne zurückgeben, und mit passierter Flüssigkeit und Milch aufgießen. Aufkochen lassen.
3 Eier und Zitronensaft miteinander verrühren. Ein wenig heiße Suppe einrühren, dann in die Pfanne zurückgeben; 1 Min. unter Rühren aufwärmen (aber nicht kochen).
4 Zum Servieren in aufgewärmte Suppenschälchen geben. Mit einem Schlag saurer Sahne garnieren, und darüber Zwiebeln und Zitronenschale streuen.

Mexikanische Maissuppe mit Zitrone

GEMÜSE IN DER MIKROWELLE

Gemüse in der Mikrowelle stets zugedeckt garen. Fügt man beim Kochen ein klein wenig Wasser hinzu, bleiben Vitamine und Mineralien des Gemüses erhalten.

AUBERGINEN

Die Aubergine ist eine nahe Verwandte der Kartoffel. Sie wird praktisch das ganze Jahr über angeboten, wenn sie auch im Sommer in größeren Mengen und billiger auf den Markt kommt.

Das Gemüse hat eine seidig glänzende Schale und ist in vielen verschiedenen Farben, Formen und Größen erhältlich. Die längliche oder ovale, dunkelviolette Sorte ist vermutlich die bekannteste, obwohl es auch eine weiße, eiförmige Sorte und kleine, rundliche Auberginen gibt. In ihrer schlanken, länglichen Form ist die Aubergine im südöstlichen Asien besonders beliebt, und man begegnet ihr häufig in der japanischen Küche.

GROßARTIGE VORSPEISEN

Auberginenpüree

Zubereitungszeit: 5 Min.
Kochzeit: 1 Std.
Für 6–8 Personen

2-3 kleine bis mittelgroße Auberginen, ungeschält
Saft von 1 Zitrone
1 EL Öl
2 zerdrückte Knoblauchzehen
125 g Frischkäse
2 EL Joghurt
schwarze Oliven zum Garnieren
Paprika zum Garnieren

1 Auberginen auf Backpapier legen, und bei 180 °C 1 Std. im Backofen backen.
2 Halbieren, Fruchtfleisch herausnehmen und im Mixer pürieren. Zitronensaft, Öl, Knoblauch, Frischkäse und Joghurt dazugeben, und im Mixer pürieren.
3 In eine Schüssel füllen und mehrere Std. in den Kühlschrank stellen. Mit Oliven und Paprika garnieren. Wirkungsvoll serviert man Auberginenpüree zum Beispiel in ausgehöhlten Auberginenhälften.

ALS BEILAGE

Überbackene Auberginen

Zubereitungszeit: 12 Min.
Backzeit: 50 Min.
Für 6 Personen

2 kleine bis mittelgroße Auberginen, in feinen Scheiben
1 EL Salz
4 große Tomaten in Scheiben
1/2 Becher gehackte Petersilie
2 feingehackte Knoblauchzehen
125 ml Hühner- oder Rinderbrühe (Instant) oder trockener Weißwein
35 g geriebener Parmesankäse
Petersilienzweige zum Garnieren

1 Auberginen mit Salz bestreuen, 30–40 Min. einwirken lassen. Abspülen und trockentupfen.
2 Abwechselnd eine Schicht Auberginen, Tomaten und Petersilie übereinander in eine mit Butter bestrichene, kleine, flache Auflaufform geben. Zwischen jede Schicht Knoblauch streuen. Abschmecken.
3 Das Ganze mit Brühe aufgießen. Mit Käse bestreuen, zudecken und bei 200 °C 30 Min. backen.
4 Ohne Deckel noch weitere 20 Min. bräunen. Wiederholt mit Bratensaft begießen. Mit Petersilie bestreuen.
Hinweis: Sieht die Mischung beim Backen etwas trocken aus, nach Bedarf ein wenig Brühe oder Wein darübergießen.

Überbackene Aubergine

AUBERGINEN KOCHEN

Bei der Aubergine stecken die Vitamine in der Schale, deshalb sollte man sie nicht schälen. Auberginen ißt man ausschließlich gekocht. Dazu kann man sie in Stücke schneiden und braten, in der Pfanne garen, füllen, backen oder einlegen.

LAUCH

Lauch, auch Porree genannt, ist das nationale Symbol von Wales, das traditionell am St.-Davids-Tag getragen wird. Der römische Kaiser Nero soll große Mengen davon gegessen haben, um seine Stimme zu verbessern.

ALS EIGENE MAHLZEIT

Makkaroni mit Lauch und Speck

Zubereitungszeit: 15 Min.
Kochzeit: 1 Std.
Für 4–6 Personen

350 g Makkaroni
3 gehackte kleine Lauchstangen
3–4 gehackte magere Speckstreifen
30 g Butter
60 g Butter zusätzlich
2 EL Mehl
600 ml Milch
75 g geriebener würziger Käse
Prise Muskatnuß
3 EL Sahne
2 EL geriebener Parmesankäse
1 EL Semmelbrösel
Prise Cayennepfeffer

1 Makkaroni rund 10–12 Min. *al dente* kochen. Abgießen, und unter kaltem Wasser abschrecken. In eine eingefettete flache Auflaufform geben.
2 Lauch und Speck 2–3 Min. in Butter dünsten und mit den Nudeln vermischen.
3 Zusätzliche Butter in einem Topf erhitzen, Mehl dazugeben und knapp 1 Min. dünsten. Hitze abstellen. Nach und nach auf der noch heißen Platte unter ständigem Rühren Milch langsam hinzugeben, bis die Sauce zu kochen beginnt. Dann Käse, Muskat und Sahne hineingeben.
4 Sauce über Makkaronimischung gießen, und das Ganze mit vermischtem Parmesan, Semmelbrösel und Cayennepfeffer bestreuen. Bei 180 °C 30–40 Min. backen.

Makkaroni mit Lauch und Speck

VEGETARISCH

Lauch mit leckerem Reis

Zubereitungszeit: 8 Min.
Kochzeit: 36 Min.
Für 4–6 Personen

4 Lauchstangen
1 EL Butter
1 zerdrückte Knoblauchzehe
$^1/_2$ rote Paprikaschote, gehackt
125 g gehackte Pilze
125 g gewaschener schnellkochender brauner Reis
125 ml Hühnerbrühe (Instant)

1 Lauch waschen, putzen und in 5 cm lange Stücke schneiden. Butter im Topf schmelzen, und Lauch, Knoblauch, Paprikaschote und Pilze 2–3 Min. dünsten.
2 Reis hineingeben, 1–2 Min. ständig umrühren, dann mit Brühe aufgießen. Abschmecken, zudecken und bei niedriger Hitze 25–30 Min köcheln lassen, bis der Reis praktisch die gesamte Brühe aufgesaugt hat und weich ist.

KÖSTLICHER LAUCH

Jedermann weiß, daß Lauch in Suppen, Eintopfgerichten und leckeren Quiches köstlich schmeckt. Aber er schmeckt auch allein sehr gut. Beim Kauf nach jungen Stangen Ausschau halten, weil die Außenblätter bei den alten unter Umständen hart sind.

Lauchringe blanchieren, bis sie gerade weich sind, dann schnell unter kaltem Wasser abschrecken, damit sie nicht zu weich werden. Auf einer Platte anrichten, und mit einer würzigen Vinaigrette beträufeln. In den Kühlschrank stellen, dann mit Dill garnieren und auftragen.

ALLES ÜBER LAUCH

Lauch gehört zur Familie der Zwiebeln, unterscheidet sich von der Zwiebel jedoch dadurch, daß er eine zylinderförmige, keine rundliche Knolle hat, außerdem sind seine Blätter lang, flach und ziemlich breit. Auch ist sein Aroma zarter als das der Zwiebel.

Man ißt vor allem die weiße Stange. Nach dem Putzen von Wurzeln, grünen Spitzen und Außenblättern muß Lauch gründlich gewaschen werden, um alle Spuren von Erde und Staub zu entfernen. Lauch verwendet man als Gemüse sowohl in Eintöpfen wie auch in leckeren Kuchen. In Suppen wie der 'Crème Vichyssoise' und 'Cock-a-Leekie' ist Lauch ein Muß.

SALZ

Probieren Sie einmal, Ihre Gemüse ohne Salz zu kochen, sondern salzen Sie nur dann, wenn es überhaupt nicht ohne Salz schmeckt. Wenn Sie viel Fertiggerichte essen, sollten Sie beim Kochen zu Hause Salz völlig fortlassen. Einige Gemüse, vor allem Auberginen und Zucchini, werden vor dem Kochen gesalzen; dann läßt man sie rund eine halbe Std. ziehen. Das Salz zieht die bitteren Säfte, die in diesen beiden Gemüsearten hauptsächlich bei den großen Exemplaren enthalten sind, heraus. Salz unter kaltem Wasser abspülen, und das Gemüse vor dem Kochen mit Küchenpapier trockentupfen.

PILZE

Es gibt viele Arten eßbarer Pilze, aber die am häufigsten in den Geschäften das ganze Jahr über angebotenen Sorten sind Zucht- und Feldpilze. Zuchtpilze wie Champignons werden generell früh geernet, entweder im noch geschlossenen Zustand oder wenn sich der Hut teilweise entfaltet hat. Reife Feldpilze sind flach, haben dunkelbraune Lamellen und ein stärkeres Aroma. Die hellen Austernpilze sind heute praktisch überall erhältlich, und man kann sie genau wie Zucht- oder Feldpilze entweder roh oder gekocht essen.
Pilze halten sich rund 1 Woche im Kühlschrank. Zu diesem Zweck in eine Papiertüte geben oder lose in Papier einschlagen und in den kühleren Teil oder ins Gemüsefach des Kühlschranks legen. Man sollte jedoch nicht zu viele auf einmal aufbewahren, denn sie schwitzen und werden schnell schleimig.

PRAKTISCHE TIPS

Pilze sollten bei der Zubereitung nie in Wasser getaucht werden, stattdessen Hüte mit einem feuchten Tuch abwischen, um Dreck zu entfernen, und Stielenden putzen. Nicht schälen, es sei denn, es geht nicht anders. Je nach Bedarf den ganzen Pilz verwenden oder in Scheiben schneiden. Pilze schmecken besser, sind aromatischer, besser verdaulich und nährstoffreicher, je weniger man sie kocht, deshalb sollte man sie schnell und einfach kochen.

GROßARTIGE VORSPEISEN

Sahnige Pilzpastete

Zubereitungszeit: 5 Min.
Kochzeit: 3 Min.
Für 6 Personen

250 g feingehackte Champignons
1 EL feingehackte Zwiebel
125 g Butter
90 g Frischkäse, geschnitten
ein paar Tropfen Worcestershiresauce

1 Pilze und Zwiebeln in Butter 3 Min. weich dünsten oder in der Mikrowelle zugedeckt bei 500 W 1–2 Min. garen.
2 Mischung in Mixer geben. Frischkäse und Worcestershiresauce dazugeben, und glatt pürieren. Abschmecken.
3 In einen Topf oder in 6 einzelne Auflaufförmchen geben. Abkühlen lassen. Zudecken und bis zum Servieren in den Kühlschrank stellen.

EIN PRAKTISCHER TIP

Für ein feineres Aroma kann man die Zwiebel durch 1 EL feingehackten Schnittlauch ersetzen.

Sahnige Pilzpastete

Gegrillte Pilzhüte

Zubereitungszeit:
15 Min.
Backzeit:
10 Min.
Für 4–6 Personen

500 g mittelgroße Pilze
2–4 zerdrückte Knoblauchzehen
60 g Butter
2 EL geriebener Parmesankäse
4 EL Semmelbrösel
4 fein gewürfelte Speckstreifen

1 Pilze säubern, Stiele sorgfältig abschneiden und fein hacken; mit zerdrücktem Knoblauch vermischen.
2 Butter mit der Gabel kneten und mit Käse, Semmelbrösel und Pilzstielen vermischen. Speck knusprig grillen, auf Küchenpapier abtropfen lassen und zur Käsemischung geben.
3 Pilzhüte mit der Mischung füllen und unter heißem Grill schnell bräunen.

EIN PRAKTISCHER TIP

Man kann Pilze als Vorspeise auf getoastetem Brot oder mit gebratenen Croutons servieren.

ALS BEILAGE

Marinierte Pilze

Zubereitungszeit: 5 Min.
Kochzeit: 8 Min.
Ergibt 2 Becher

500 g Champignons
125 ml Wasser
1 EL Zitronensaft
125 ml Weiß- oder Rotweinessig
1 feingehackte kleine Zwiebel
1 kleine Knoblauchzehe, geschält
1 Lorbeerblatt
2 EL Öl
1 $^1/_2$ EL Tomatenmark

1 Pilze mit Wasser und Zitronensaft aufkochen lassen. Hitze verringern, und 2–3 Min. weich köcheln lassen. Abgießen und in eine Schüssel geben.
2 Essig, Zwiebel, Knoblauch und Lorbeerblatt aufkochen lassen. Hitze verringern, und Zwiebel weich köcheln lassen. Öl und Tomatenmark einrühren. Abschmecken.
3 Marinadenmischung über Pilze gießen, zudecken und über Nacht in den Kühlschrank stellen. Vor dem Servieren Knoblauch und Lorbeerblatt herausnehmen.

Marinierte Pilze

ALS EIGENE MAHLZEIT

Pilzhühnchen

Zubereitungszeit: 10 Min.
Kochzeit: 5 Min.
Für 4 Personen

4 Hühnerfilets
2 TL Austernsauce
2 TL Sojasauce
1 TL Hoi-Sin-Sauce
2 TL Maismehl
1/2 TL Sesamöl
3 Frühlingszwiebeln
1 Zwiebel
2 EL Öl
125 g Champignons

1 Filets in 1 cm breite Streifen schneiden und mit Saucen, Maismehl und Sesamöl gut vermischen. 20 Min. ziehen lassen.
2 Zwiebel in dünne keilförmige Stücke und Frühlingszwiebeln in 3 cm lange Stücke schneiden. In der Hälfte des Öls weich dünsten. Pilze einrühren, und bei großer Hitze 1 Min. unter Rühren braten. Aus der Pfanne nehmen.
3 Restliches Öl in die Pfanne geben, und Hühnchenmischung bei großer Hitze goldbraun braten. Pilzmischung in die Pfanne zurückgeben und 1 weitere Min. braten, bis alles erwärmt ist.

GAREN SIE IHR GEMÜSE IN DER MIKROWELLE

Jedes Gemüse wird zugedeckt bei 500 W in der Mikrowelle gegart. Die angegebenen Garzeiten sind als Orientierung zu verstehen. Probieren Sie sie erst einmal aus bevor Sie sie ändern. Benutzen Sie mikrowellengerechtes Geschirr und entfernen Sie vor der Zubereitung mögliche Kunststoffverpackungen.

GEMÜSE	MENGE	VORBEREITUNG	KOCHEN (MIN.)*
Artischocken	2 mittelgroße	125 ml Wasser	8–9
Auberginen, *in Scheiben*	1 mittelgroße	in Wasser einweichen, gut abgießen; mit Butterflocken	5–6
Blumenkohl, *frisch*	1/2 Kopf	Stiel einritzen, 125 ml Wasser	10
Blumenkohl, *gefroren*	250 g	2 EL Wasser	7–8
Bohnen, *frisch*	250 g	125 ml Wasser	7–8
Bohnen, *gefroren*	250 g	2 EL Wasser	6
Brokkoli, *frisch*	250 g	Stiel einritzen, 125 ml Wasser	8
Brokkoli, *gefroren*	250 g	2 EL Wasser	6
Erbsen, *frisch*	250 g	2 EL Wasser	7–8
Erbsen, *gefroren*	500 g	2 EL Wasser	10
Kartoffeln, *gekocht*	500 g	vierteln, 125 ml Wasser	11–13
Kartoffeln, *mit Schale*	2 mittelgroße	Schale einstechen, mit Öl einreiben, nach 3 Min. wenden	6
Kohl *in groben Stücken*	1/2 kleiner	nur mit dem nach dem Waschen verbliebenen Wasser; mit Butterflocken und Pfeffer	8
Kürbis	500 g	in mundgerechte Stücke schneiden, 2 EL Wasser	6

Mais am Kolben, *frisch*	2	Deckblätter entfernen, mit Butterflocken	5
Mais am Kolben, *gefroren*	500 g	mit Butterflocken	6
Möhren, *frisch*	4 in Scheiben	125 ml Wasser	8
Möhren, *gefroren*	250 g	2 EL Wasser	5–6
Pastinaken, *in Scheiben*	2 mittelgroße	2 EL Wasser	5–6
Pilze, *frisch*	250 g	ganz oder in Scheiben, mit Butterflocken	3
Rosenkohl, *frisch*	250 g	2 EL Wasser	7–8
Rosenkohl, *gefroren*	250 g	2 EL Wasser	6
Sellerie, *frisch*	2 Becher, gehackt	2 EL Wasser	6–8
Spargel, *frisch*	250 g	2 EL Wasser	7–8
Spargel, *gefroren*	250 g	2 EL Wasser	4–5
Spinat, *frisch*	$^1/_2$ Bund	nur mit dem nach dem Waschen verbliebenen Wasser, 1 TL Butter, Prise Muskat und Pfeffer	6
Spinat, *gefroren*	250 g	Prise Muskat und Pfeffer	5–6
Tomaten, *in Scheiben*	2	mit Butterflocken; mit Zucker und Pfeffer bestreuen	2–3
Tomaten, *halbiert*	6 Hälften	mit Butterflocken und Pfeffer	3–4
Zucchini, *in Scheiben*	2 mittelgroße	1 EL Butter und Pfeffer	4–5
Zwiebeln, *in Scheiben*	2 mittelgroße	1 EL Butter	4

**Hinweis:* Bei den Garzeiten handelt es sich lediglich um ungefähre Angaben. Bitte bedenken Sie, daß sie davon abhängen, wie weich Sie Ihr Gemüse gerne essen und wie leistungsstark Ihre Mikrowelle ist.

ZWIEBELN

Die Zwiebel gehört zu den ältesten Zuchtpflanzen der Welt. Sie dient schon seit prähistorischer Zeit als Gemüse, und auch im Alten Testament wird sie bereits erwähnt.
Bevor eine Zwiebel auf den Markt kommt, wird sie leicht getrocknet. Dadurch wird ihre Haut trocken und dünn wie Papier. Ihr Aroma reicht von mild bis scharf, und auch in der Haltbarkeit gibt es Unterschiede. Gelbe oder braune Zwiebeln haben ein starkes Aroma. Man verwendet sie hauptsächlich in Suppen, Eintöpfen und anderen warmen Gerichten. Sie lassen sich gut lagern und sind das ganze Jahr über erhältlich. Rote Zwiebeln haben einen eher süßlichen Geschmack, und man verwendet sie im Salat und, in Ringen geschnitten, zum Garnieren. Weiße Zwiebeln sind mild. Man verwendet sie roh und in Scheiben geschnitten im Salat. Für asiatische Gerichte, werden sie nur schnell unter Rühren gedünstet. Kleine weiße Zwiebeln eignen sich besonders gut zum Einlegen.

DIE VORRATSKAMMER

Eingelegte Zwiebeln

Zubereitungszeit: 15 Min.
Kochzeit: 8 Min.
Ergibt 1 kg

1 kg kleine weiße Zwiebeln
1 3/4 Becher Salz
2 1/4 l Wasser
750 ml Weißweinessig
250 ml Estragonessig
1 EL schwarze Pfefferkörner
1/2 TL gemahlenes Piment
2 EL brauner Zucker
2 ganze Nelken
1 Zimtstange

1 Ungeschälte Zwiebeln waschen und in eine Schüssel geben. Die Hälfte des Salzes und des Wassers miteinander vermischen, dann Zwiebeln mit Salzlake aufgießen, bis sie völlig bedeckt sind. 12 Std. ziehen lassen.
2 Abgießen, Zwiebeln schälen und in eine saubere Schüssel geben.

Verbliebenes Salz und Wasser vermischen und über die Zwiebeln gießen. Zudecken und 24 Std. ziehen lassen.
3 Zwiebeln abgießen und abspülen. In sterilisierte Einmachgläser geben, viel Platz für die Flüssigkeit lassen.
4 Restliche Zutaten in eine Pfanne geben. Bei geringer Hitze verrühren, bis sich der Zucker auflöst. Aufkochen, und 5 Min. köcheln lassen.
5 Durch ein feines Sieb streichen und so über die Zwiebeln schütten, daß sie großzügig mit der Flüssigkeit bedeckt sind. Zudecken, und 3 Monate ziehen lassen.

Senfzwiebeln

Zubereitungszeit: 40 Min.
Kochzeit: 30 Min.
Ergibt ca. 3 kg (2 Einmachgläser)

1 feingehackte Gurke
3 feingehackte Zwiebeln
750 g grobgehackte Tomaten
1 großer Blumenkohl, gewaschen und in Röschen zerteilt
3/4 Becher Salz
600 ml Weißweinessig
je 1 TL gemahlener Ingwer, schwarzer Pfeffer und Einmachwürzmischung
2 TL Senf
Koriandersamen
200 g brauner Zucker
125 g Sultaninen

1 Gemüse und Salz in einer Schüssel übereinander schichten. Mit kaltem Wasser auffüllen. 24 Std. an einen kühlen Ort stellen.
2 Gemüse gründlich abspülen und abtropfen lassen. Mit den übrigen Zutaten in eine große Pfanne geben. Erwärmen und rühren, bis sich der Zucker aufgelöst hat.
3 Aufkochen, dann etwa 20 Min. köcheln lassen, bis Gemüse weich ist. Dabei gelegentlich umrühren. In sterilisierte Einmachgläser füllen, und in die Vorratskammer stellen.

Eingelegte Zwiebeln und Senfzwiebeln

Mexikanische Zwiebeln

ALS BEILAGE

Mexikanische Zwiebeln

Zubereitungszeit: 8 Min.
Koch- und Backzeit: 45 Min.
Für 6 Personen

6 mittelgroße Zwiebeln
20 g Butter
1 EL Mehl
Prise Chilipulver
4 EL Milch
1 EL gehackte Paprikaschoten
3 EL geriebener Greyerzer- oder Emmentalerkäse
1/4 Becher abgetropfte Maiskörner

1 Zwiebeln in kochendes Salzwasser geben und 10 Min. köcheln lassen. Aus dem Wasser nehmen und leicht abkühlen. Den Stengelansatz abschneiden und Zwiebeln behutsam schälen. Nicht das Wurzelende abschneiden, sonst fällt die Zwiebel auseinander. Zwiebeln mit Löffel aushöhlen. Die ausgehöhlte Mitte hacken. Das ergibt 2 EL Zwiebeln.

2 Butter in der Pfanne zerlassen, Mehl und Chilipulver einrühren. Milch dazugeben, bis die Mischung dick wird und aufkocht. Paprikaschote, Käse, Mais und 2 EL Zwiebeln dazugeben. Abschmecken.

3 Füllung löffelweise in die Zwiebeln geben, an den Rändern leicht überlaufen lassen. In eine Auflaufform setzen und bei 200 °C 30 Min. backen.

NICHT WEINEN!

Zwiebeln unter kaltem Wasser schälen, damit sich die Zwiebeldünste in der Luft verringern. Außerdem sollte man eine Schüssel Wasser bereithalten, um damit die Zwiebeln zu befeuchten.

Scharfer Zwiebelsalat

ALS BEILAGE

Scharfer Zwiebelsalat

Zubereitungszeit: 10 Min.
Kochzeit: 1 1/2 Std.
Für 6 Personen

Sauce
400-g-Dose abgetropfte Tomaten
2 grobgehackte Zwiebeln
3 zerdrückte Knoblauchzehen
1 Strauß, bestehend aus Petersilie, Thymian und Lorbeerblatt
1 Zweig Basilikum
4 EL Olivenöl

Salat
1 kg kleine Zwiebeln
100 g Sultaninen
250 ml Weißweinessig
125 ml Olivenöl
1 Strauß, bestehend aus Petersilie, Thymian und Lorbeerblatt
2–3 EL Zucker

1 Alle Zutaten für die Salatsauce vermischen und bei mittlerer Hitze 30 Min. kochen. Mit einem Holzlöffel durch ein Sieb streichen und soviel Flüssigkeit wie möglich herauspressen.
2 Zwiebeln schälen und in eine große Pfanne geben. Sauce, die restlichen Zutaten und soviel Wasser dazugeben, daß die Zwiebeln bedeckt sind. Aufkochen und ohne Deckel rund 1 Std. köcheln lassen, bis die Zwiebeln weich sind. Abschmecken und etwas Zucker dazugeben, um dem säuerlichen Geschmack zu neutralisieren.
3 Heiß servieren oder abkühlen lassen. Kalt tritt das Aroma noch stärker hervor. Eignet sich herrlich als Beilage zu gegrilltem Fleisch.

KARTOFFELN

Schon in prähistorischer Zeit wurde der Wert der Kartoffel als Grundnahrungsmittel erkannt – man nimmt an von den Inkas in Peru. Die Kartoffel kam schließlich mit den ersten spanischen Eroberern nach Europa, und heute gehört sie neben Reis zu den wichtigsten Nahrungsmitteln.
Die Kartoffel liefert Stärke, Vitamin C, Aminosäuren, Protein und Thiamin. Es ist nicht die Kartoffel, die dick macht, sondern die für ihre Zubereitung verwendeten Zutaten wie Butter und Sahne.

ALS BEILAGE

Kartoffelsoufflé

Zubereitungszeit: 10 Min.
Backzeit: 1 Std. 50 Min.
Für 4 Personen

4 große alte Kartoffeln
100 g geriebener Greyerzer- oder Emmentalerkäse
4 EL saure Sahne
1 TL gehackter Schnittlauch
3 Zweige gehackte Petersilie
Prise Paprika
2 Eigelb
3 Eiweiß

1 Kartoffeln waschen und mit einem Spieß mehrmals einstechen; bei 180 °C 1 1/2 Std. backen. Von jeder Kartoffel Deckel abschneiden und die Mitte aushöhlen. Etwas Kartoffel an der Schale lassen, damit eine Hülle entsteht.
2 Die ausgehöhlte Kartoffelmasse mit restlichen Zutaten außer dem Eiweiß verrühren und abschmecken. Eiweiß steif schlagen und unter die Kartoffelmischung heben. Nun die ausgehöhlten Kartoffeln damit füllen.
3 Auf ein Backblech setzen, und bei 200 °C goldgelb backen.

Kartoffelsoufflé

Kartoffel-Käseauflauf

ALS BEILAGE

Kartoffel-Käseauflauf

Zubereitungszeit: 5 Min.
Backzeit: 47 Min.
Für 6 Personen

6 große festkochende Kartoffeln, geschält
Butter zum Einfetten der Auflaufform
etwas Knoblauchsalz und Paprika
6–8 Scheiben Schmelzkäse
20 g zerlassene Butter

1 Kartoffeln durchschneiden und mit der Schnittfläche nach unten auf die eingefettete Auflaufform legen. Mit Knoblauchsalz und Paprika bestreuen und bei mittlerer Temperatur 40 Min. garen.
2 Käse über die Kartoffeln streuen. Zerlassene Butter auf den Käse träufeln und weitere 6–7 Min. backen, bis der Käse geschmolzen ist.

VARIANTE

Für einen einfachen Imbiß Speckstreifen, Zwiebeln oder Räucherlachs über Kartoffeln verteilen, dann den Käse darüberstreuen.

Kürbis

Der Gartenkürbis wächst an langen Ranken und gehört der Familie *Cucurbitaceae* an. Es gibt verschiedene Kürbissorten. Neben dem Gartenkürbis und dem Pâtisson-Kürbis gehören auch Wassermelone, Gurke und Zucchini zur Familie der Kürbisse.

In den Vereinigten Staaten ißt man Kürbispastete als Nachtisch am Thanksgiving Day und an Weihnachten. Wird Kürbis als Gemüse gegessen, dann wird er gekocht oder gebacken. Es gibt Kürbis als Marmelade, in Konserven oder eingelegt, außerdem gibt es hervorragende Kürbissuppen.

Beim Kauf darauf achten, daß der Kürbis seiner Größe entsprechendes Gewicht besitzt und eine feste, glänzende Schale hat. Soll er in der eigenen Schale serviert werden, auf eine schöne Form sowie auf seine Standfestigkeit achten.

Großartige Vorspeisen

Kürbissuppe mit Curry

Zubereitungszeit: 15 Min.
Kochzeit: 40 Min.
Für 6 Personen

1 gehackte Zwiebel
1 zerdrückte Knoblauchzehe
60 g Butter
750g–1 kg schwerer Kürbis, geschält, gewürfelt, abgebrüht und püriert
1 EL Currypulver

Kürbissuppe mit Curry

je 1 Prise Zucker und Muskatnuß
1 Lorbeerblatt
1 l Hühnerbrühe (Instant)
500 ml Milch
3 EL Sahne
frisch gemahlener schwarzer Pfeffer und Schnittlauch zum Garnieren

1 Zwiebel und Knoblauch in einem großen Topf in Butter rund 5 Min. sehr weich dünsten. Kürbisbrei, Currypulver, Zucker, Muskat und Lorbeerblatt dazugeben. Abschmecken. Mit Brühe aufgießen und aufkochen.

2 30 Min. köcheln lassen. Vom Herd nehmen, und Lorbeerblatt entfernen.

3 Mit Milch aufgießen und 2–3 Min. aufwärmen. Mit einem Klecks Sahne, Pfeffer und gehacktem Schnittlauch servieren.

Serviervorschläge

Suppe in einem Kürbis servieren. Dazu eine Deckel von einem rohen (2 kg) Kürbis abschneiden, Samen und das Fruchtfleisch aus dem Deckel entfernen. Deckel wieder auf den Kürbis setzen und auf einem Backblech bei 180 °C 1–1 1/2 Std. weich backen. Fruchtfleisch aus der Schale kratzen und für die Suppe weiterverarbeiten. Suppe in der Kürbisschale auf den Tisch bringen.

ETWAS SÜßES

Pikanter Kürbiskuchen

Zubereitungszeit: 20 Min.
Backzeit: 45 Min.
Ergibt 10–12 Stücke

180 g Butter
1 TL geriebene Apfelsinenschale
250 g Zucker
3 Eier
3/4 Becher kaltes Kürbispüree (etwa 300 g ungekocht)
1/2 Becher feingehackte Pflaumen
300 g Mehl
1 1/2 TL Backpulver
1/2 TL Gewürzmischung
125 ml Apfelsinensaft

1 Runde, 20 cm große Kuchenform einfetten und mit Backpapier auslegen.
2 Butter, Apfelsinenschale und Zucker zusammen locker und sahnig schlagen. Nacheinander Eier dazugeben, und nach jedem Ei gut durchrühren. Kürbis und Pflaumen darunterziehen. Abwechselnd gesiebtes Mehl mit Backpulver und Gewürzmischung sowie Apfelsinensaft unterarbeiten.
3 Mischung in die Form geben und bei 180 °C 40–45 Min. backen. 5 Min. stehen lassen, dann zum Abkühlen auf ein Rost geben.

Kürbisgnocchi

ALS EIGENE MAHLZEIT

Kürbisgnocchi

Zubereitungszeit: 20 Min.
Kochzeit: 30 Min.
Für 4 Personen

2 Becher pürierter Kürbis
50 g Grieß
50–100 g Kartoffelmehl
Salz, weißer Pfeffer und Muskatnuß
100 g Butter
frischgeriebener Parmesankäse

1 Pürierten Kürbis in eine Schüssel geben, und Grieß und Mehl unterarbeiten. Soviel Kartoffelmehl dazugeben, bis ein knetbarer Teig entsteht. Salz, Pfeffer und Muskatnuß dazugeben und leicht durchkneten, bis der Teig elastisch ist. 10 Min. ruhen lassen.
2 Kleine, etwa 2 cm lange Teigstückchen nehmen, schnell zwischen den Fingern rollen, dann mit dem Daumen gegen eine Gabel drücken, um die traditionelle Gnocchiform zu erhalten. Leicht mit Kartoffelmehl bestäuben, und 10 Min. ruhen lassen.
3 Butter in einer Pfanne zerlassen bis sie goldbraun ist. Warm halten.
4 Gnocchi in kleinen Portionen in Salzwasser kochen. Wenn sie an die Oberfläche steigen, mit Sieblöffel herausfischen und in warme Schüsseln geben.
5 Butter darüber schütten, mit Parmesan bestreuen und auftragen.

SPINAT

Spinat stammt ursprünglich aus Persien. Seine hellgrünen Blätter schmecken köstlich, wenn sie roh im Salat oder gekocht werden. In einer Vielzahl von Gerichten wird Spinat als Zutat verwendet.

Spinat welkt sehr rasch. Daher sollte er schon bald, nachdem er geerntet wurde, verarbeitet werden. Beim Kauf von Spinat auf knackige frische Blätter mit einer schönen Farbe achten.

Die grünen Blätter enthalten viel Vitamin A und C sowie wichtige Mineralstoffe.

Spinat muß sehr gründlich gewaschen werden. Zwei- oder dreimal das kalte Wasser erneuern, bis alle Erdreste verschwunden sind. Spinat in einem Topf, der kein Aluminium enthält, 3–5 Min. nur mit dem Wasser dünsten, das noch an den Blättern haftet. Gründlich abtropfen lassen.

GROßARTIGE VORSPEISEN

Spinat-Gemüsepastete

Zubereitungszeit: 20 Min.
Koch- und Backzeit: 1 Std. 45 Min.
Für 4–6 Personen

1 gut gewaschene Lauchstange
2 Becher Erbsen (frisch oder tiefgefroren)
4 Becher Spinat grobgehackt
1 Ei
1/2 TL getrockneter Estragon
1/4 TL Muskatnuß
3 Becher Möhren, in Scheiben geschnitten
frisch gemahlener schwarzer Pfeffer
60 g Butter
125 ml Wasser
2 EL Mehl

1 Die weiße Hälfte des Lauchs in dünne Scheiben schneiden und weich dünsten. Rechteckige Backform mit eingefettetem Pergamentpapier auslegen, Lauch darauf verteilen und glattstreichen.

2 Erbsen in kochendem Wasser garen, und über dem Wasserdampf den Spinat garen. Weiche Erbsen abgießen und mit Spinat, Ei, Estragon und Muskatnuß im Mixer pürieren. Spinat-Erbsenmischung über den Lauch verteilen und Oberfläche mit einem Messer glätten.

2 Möhren mit Pfeffer, Butter und Wasser weich kochen. Verbleibende Flüssigkeit abgießen, und Möhren mit Mehl pürieren. Möhrenpüree in die Form geben und ebenfalls glatt streichen. Leicht gegen die Auflaufform schlagen, damit die Luftblasen verschwinden

4 Pastete mit Pergamentpapier und 3–4 Lagen Folie abdecken. 1 1/2 Std. bei 180 °C backen. Pastete 2 Std. in den Kühlschrank stellen, bevor sie auf eine Servierplatte gestürzt wird. Schmeckt köstlich zu einer Tomatensauce.

Tomatensauce

425-g-Dose Tomaten, nicht abgetropft
2 EL Tomatenmark
1 zerdrückte Knoblauchzehe
1 feingehackte Zwiebel
125 ml Weißwein
1 EL frisches gehacktes Basilikum
mit schwarzem Pfeffer abschmecken

1 Zutaten in eine Pfanne geben und 30 Min. köcheln lassen.

2 Sauce glatt pürieren und durch ein feines Sieb passieren. In den Kühlschrank stellen, und mit der Pastete servieren.

Spinatecken

Spinatecken

Zubereitungszeit: 15 Min.
Backzeit: 20 Min.
Für 4–6 Personen

500 g fertiger Blätterteig
750 g tiefgefrorener Spinat, aufgetaut
75 g geriebener würziger Käse
Prise Muskatnuß
2 Eigelb, geschlagen
Saft von 1 Zitrone
1 Ei, geschlagen
1 EL Sesamsamen

1 Teig 3 mm dünn ausrollen. Mit einer runden Form Kreise mit einem Durchmesser von 10 cm ausstechen.
2 Spinat abgießen, und soviel Wasser wie möglich herausdrücken; dann fein hacken. In eine Schüssel geben und Käse, Muskatnuß und Gewürze dazugeben. Eigelb und Zitronensaft hinzufügen, und alles gut vermischen.
3 Spinatmischung auf Teigkreise verteilen. Teigränder mit Wasser bestreichen. Teig über Spinat legen, und Ränder fest zusammendrücken. Nun den Teig mit geschlagenem Ei bestreichen und mit Sesamsamen bestreuen.
4 Ecken auf ein eingefettetes Backblech legen und bei 200 °C 20 Min. backen.

SPROSSEN

Sprossen zu ziehen lohnt sich in mehrfacher Hinsicht. Selbstgezogene Sprossen lassen sich nicht nur sehr leicht und preiswert herstellen, sondern sie zeichnen sich auch durch ihren hohen Nährwert aus. Wenn die Samen keimen, wird die gespeicherte Stärke freigesetzt und in Vitamine, Minerale und Proteine umgesetzt. Beliebt sind Sojabohnen- und Alfalfasprossen.

SELBSTGEZOGENE SPROSSEN

Bohnen und Samen vergrößern sich auf das zehnfache wenn sie Sprossen treiben. Deshalb ein Glas verwenden, in dem diese Ausdehnung möglich ist. Zunächst werden die Bohnen 12 Std. in einem Einmachglas eingeweicht. Abspülen und Wasser abgießen. Glasöffnung mit einem locker gewebten Tuch wie Musselin oder Gaze abdecken und mit einem Faden oder Gummiband festbinden. Glas an einem warmen Ort, aber nicht direkt in der Sonne auf die Seite legen. Damit die Samen feucht bleiben, zweimal täglich abspülen und das ganze Wasser abgießen, damit sie nicht verderben. Keimlinge solange befeuchten und das Wasser abgießen, bis sie ausreichend gewachsen sind.

GROßARTIGE VORSPEISEN

Luzerne-Avocadocrêpe

Zubereitungszeit: 10 Min.
Bratzeit: 15 Min.
Für 4 Personen

Teig
2 Eier
500 ml Milch
100 g Mehl
2 EL Öl

Füllung
250 g Hüttenkäse
2 Avocados, in Scheiben geschnitten
2 Becher Luzernesprossen
4 EL Frühlingszwiebeln, in grobe Stücke geschnitten
Butter zum Braten
Zitronensaft

1 Zutaten für Crêpes im Mixer glatt pürieren. 1 Std. in den Kühlschrank stellen.
2 Crêpes in einer gut gefetteten Pfanne backen (rund 2 EL Teig für ein Crêpe).
3 Hüttenkäse und Zwiebeln vermischen und über eine Hälfte der gebackenen Crêpes streichen. Darauf Avocadoscheiben und Luzernesprossen verteilen. Crêpes über der Füllung zusammenschlagen und in etwas Butter braten, bis die Füllung erwärmt und die Crêpes auf beiden Seiten leicht braun und knusprig sind.
4 Mit Zitronensaft beträufeln und servieren.

Thunfisch-Mungobohnentaschen

Zubereitungszeit: 10 Min.
Kochzeit: keine
Für 4 Personen

125 g Mungobohnen
1 Avocado, in Scheiben geschnitten
100-g-Dose abgetropfter Thunfisch
2 EL Mayonnaise
4 kleine Fladenbrote
100 g Luzernesprossen

1 Mungobohnen, Avocado, Thunfisch und Mayonnaise vermischen. Fladenbrote in der Mitte aufschneiden, so daß eine Tasche entsteht.
2 Mit einem Viertel der Thunfischmischung füllen, und darauf die Luzernesprossen geben.

ALS EIGENE MAHLZEIT

Chinesische Rind-Gemüsepfanne

Zubereitungszeit: 15 Min.
Bratzeit: 10 Min.
Für 4 Personen

2 EL Pflanzenöl
500 g mageres Rind, in feine Streifen geschnitten
60 g Pilze, in Scheiben
1 Möhre, in Streifen
230-g-Dose abgetropfte Wasserkastanien
3 Frühlingszwiebeln, in Streifen geschnitten
1 Paprikaschote, in Streifen
1 Selleriestange, in Streifen
250 g Bohnensprossen, abgespült und geputzt
2 Knoblauchzehen
1 EL frischer gehackter Ingwer
125 ml Rinderbrühe (Instant)
2 TL Sojasauce
1 EL trockener Sherrywein
2 TL Maismehl

1 Öl erhitzen, Fleisch in kleinen Portionen anbraten und auf die Seite stellen. Pilze in die Pfanne geben und 1 Min. dünsten; dann aus der Pfanne nehmen.
2 Möhre, Wasserkastanien, Frühlingszwiebeln, Pfefferschote, Sellerie, Bohnensprossen, Knoblauch und Ingwer in die Pfanne geben und unter Rühren 1 Min. dünsten.
3 Brühe, Sojasauce, Sherrywein und Maismehl vermischen. Zusammen mit Fleisch und Pilzen in die Pfanne geben und rühren, bis alles eingedickt ist. Mit weißem Reis servieren.

ALS BEILAGE

Gado-Gado

Zubereitungszeit: 15 Min.
Kochzeit: 3 Min.
Für 6–8 Personen

2 große Möhren, in feine Scheiben geschnitten
200 g grüne Bohnen, geputzt, Fäden abgezogen und schräg in Scheiben geschnitten
200 g Bohnensprossen
100 g Kohl, in grobe Stücke geschnitten
1 gehackte große Zwiebel
1 Gurke, in feine Scheiben geschnitten
3 hartgekochte Eier
2 EL gehackte Frühlingszwiebeln

Sauce
150 g geröstete, ungesalzene Erdnüsse
3 geschälte Knoblauchzehen
80 g Zucker
2 EL Wasser
125 ml Zitronensaft

1 Möhren und Bohnen 2 Min. in kochendem Wasser blanchieren. Unter kaltem Wasser abschrecken und abgießen. Bohnensprossen, Kohl und Zwiebel 1 Min. blanchieren. Ebenfalls unter kaltem Wasser abschrecken und abgießen.
2 Gemüse mit Gurke und in Scheiben geschnittenen Eiern auf einer Servierplatte anordnen. In den Kühlschrank stellen.
3 Zutaten für die Sauce im Mixer zu einer dicken, homogenen Masse pürieren. Abschmecken. Sauce über Gemüse verteilen und mit Frühlingszwiebeln garnieren.

Hinweis: Gemüse kan auch in der Mikrowelle gegart werden. Dazu 125 ml Wasser und ungefähr die gleichen wie oben angegeben Zeiten nehmen.

Radieschen-Luzernesalat

Zubereitungszeit: 10 Min.
Kochzeit: keine
Für 4 Personen

1 römischer Salat, gewaschen und abgetropft
75 g Luzernesprossen
1 Bund Radieschen, in feine Scheiben geschnitten
6 feingehackte Frühlingszwiebeln
1 EL Sojasauce
1 EL Weißweinessig
2 EL helles Sesamöl
1 zerdrückte Knoblauchzehe

1 Salat auf einer Platte anordnen und darüber Sprossen, Radieschen und Frühlingszwiebeln geben.
2 Sojasauce, Essig, Öl und Knoblauch vermischen. Über den Salat verteilen und sofort auftragen.

Gado-Gado

TOMATEN

Leckere Tomaten

Die Tomate stellt mit ihrer wunderschönen Farbe und ihrem unübertrefflichen Aroma eines der wesentlichen Elemente in der Küche dar. Man kann sie allein, im Salat, in einer Suppe oder als Sauce oder Eintopf essen, oder man kann sie füllen, grillen oder auch backen.
Neben den runden Sorten gibt es ovale und birnenförmige Tomaten, solche mit Rippen ebenso wie die kleinen roten oder gelben Cocktailtomaten.
Tomaten sind reich an Vitaminen C und A, und sie gehören zu den wenigen Gemüsesorten, bei denen der Vitamingehalt auch beim Kochen nicht wesentlich verloren geht.

ALS BEILAGE

Leckere Tomaten

Zubereitungszeit: 8 Min.
Kochzeit: keine
Für 6 Personen

12 mittelgroße Tomaten
300 g Frischkäse
1/2 grüne Paprikaschote,

entkernt und sehr feingehackt
1/4 TL sehr feingehacktes Basilikum oder 1 Prise getrocknetes Basilikum

1 Tomaten halbieren, und mit einem Teelöffel Samen und Zwischenwände herausnehmen. Zum Abtropfen auf ein Brettchen legen, während die Füllung zubereitet wird. Vor dem Füllen die Tomaten außen mit Küchenpapier trockentupfen.
2 Alle anderen Zutaten gründlich vermischen und abschmecken. Tomaten mit der Mischung füllen.

Hinweis: Feste, runde Tomaten, ausgehöhlt, eignen sich hervorragend für eine Vielzahl von Füllungen. Man kann sie als Imbiß servieren, als ersten Gang oder aber auf einem Servierteller als stimmungsvolle Dekoration für den Eßtisch reichen.

Techniken im Umgang mit Tomaten

Schälen: Obwohl fertig geschälte Tomaten in Dosen generell günstig im Supermarkt angeboten werden, sind für einige Rezepte geschälte, frische Tomaten immer noch unumgänglich. Um eine reife Frucht zu häuten, Fruchtansatz mit einem kleinen scharfen Messer herausschneiden. Das andere Ende kreuzweise einschneiden. Tomaten in eine Schüssel legen und kochendes Wasser darübergießen, in dem sie 10 Sek. ziehen, bis die Haut sich kräuselt. Haut abziehen, dann Blüte mit dem Messer herausschneiden.

Entkernen: Die kleinen Tomatenkerne verderben manchmal Aussehen und Beschaffenheit einiger Rezepte, und beim Kochen verleihen sie einem Gericht mit zartem Aroma unter Umständen einen leicht bitteren Geschmack. Es empfiehlt sich daher manchmal, Tomaten zu entkernen, was einfach ist. Man braucht lediglich die Tomate quer zu halbieren und jede Hälfte über ein Sieb behutsam ausdrücken. Die verbliebenen Kerne mit einem Teelöffel herausholen. Kerne fortwerfen, die Flüssigkeit jedoch zur Weiterverwendung aufbewahren.

Tomatenmark oder -konzentrat: Geschälte, entkernte Tomaten kann man kochen, so daß man ein vielseitiges Mark erhält, das nach dem Sieben zum Beispiel für eine Sauce verwendet werden kann, oder man kann das Mark zu einem Konzentrat eindikken. Tomaten friert man am besten als konzentriertes Tomatenmark ein, weil es sehr wenig Platz einnimmt. Das Mark oder Konzentrat wird in kleinen Behältern oder Eiswürfelschalen eingefroren. Nach dem Einfrieren nimmt man es heraus und lagert es in einem Kunststoffbeutel. Es hält sich mindestens ein Jahr, es sei denn, die Tomaten waren beim Kochen schon sehr reif. In diesem Fall sollte man das Mark für nicht mehr als einen Monat einfrieren.

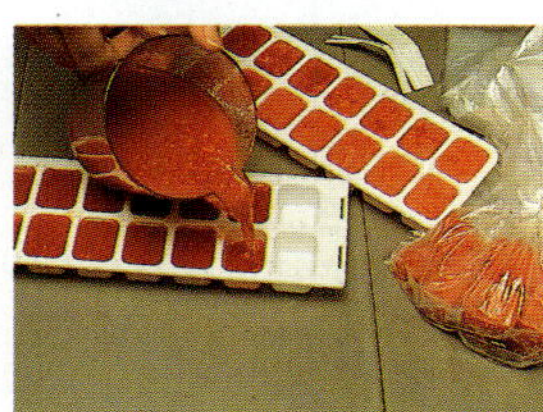

Garnieren mit Tomaten

Wegen ihrer kräftigen Farbe und Vielseitigkeit eignet sich die Tomate hervorragend zum Garnieren. Es folgen nun Tips für einige der beliebtesten Dekorationsmöglichkeiten

Zickzackmuster: Mit einem Messer im Zickzack rund um die Tomatenmitte schneiden, und dann, nachdem man einen Kreis beschrieben hat, die beiden Hälften voneinander trennen.

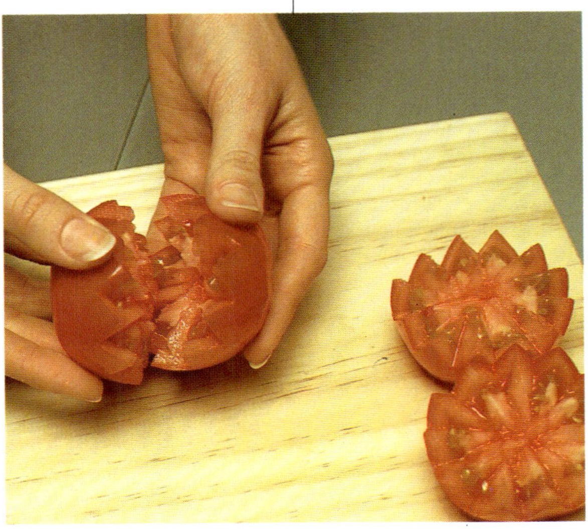

Tomatenrose: Mit einem kleinen Messer vom Boden einer festen Tomaten eine Scheibe abschneiden und die Frucht spiralenförmig weiter schälen. Schale auf ein Brett legen, locker und sauber aufrollen – damit erhält man den Rosenboden – und mit einem Zahnstocher festmachen. Ein zweites Stück der Schäle fest aufrollen. So erhält man die Rosenmitte. In die Mitte der ersten Rolle setzen und ebenfalls mit einem Zahnholz festmachen.

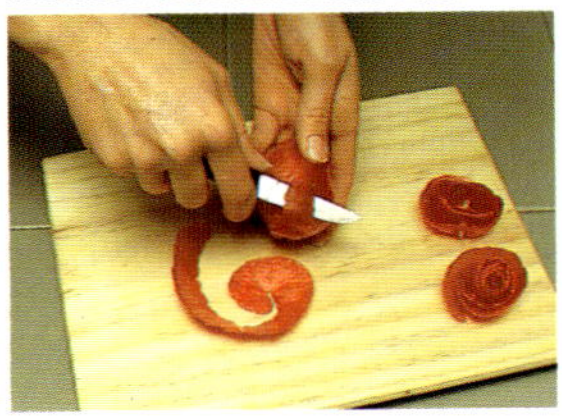

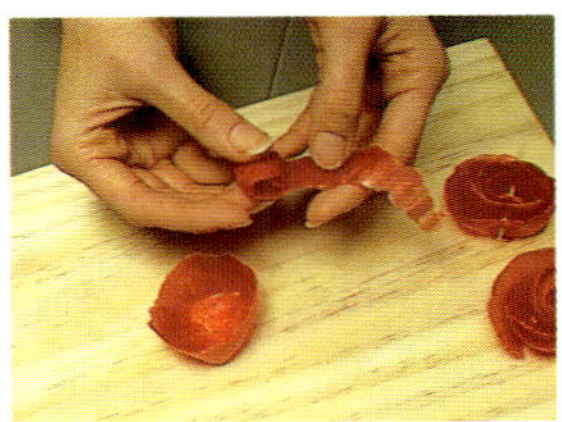

Tomatentulpe: Die obere Hälfte der Tomate sechsmal diagonal einschneiden. Die Haut mit einem kleinen Messer zurückbiegen. Achtgeben, daß der Schnitt nicht zu fein ist, sonst trocknet die Haut schnell aus.

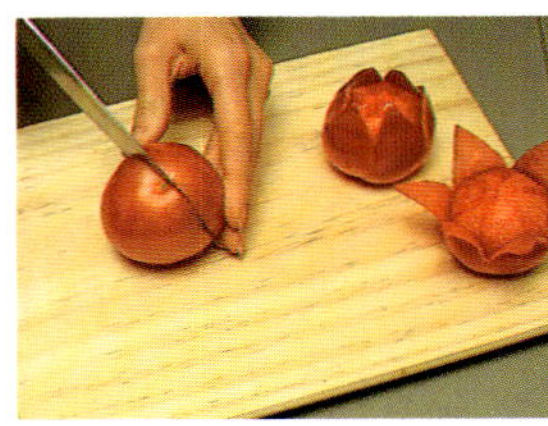

Rote und gelbe Cocktailtomaten geben Fleisch- und Salatplatten den letzten Schliff. Für ein interessantes Kebab zusammen mit Meeresfrüchten und Gemüse auf Spieße stecken.

ALS EIGENE MAHLZEIT

Tomaten-Pilzsauce für Nudeln

Zubereitungszeit: 10 Min.
Kochzeit: 18 Min.
Für 4–6 Personen

750 g reife Tomaten (oder Tomaten aus der Dose)
250 g Pilze, in Scheiben
2 weiße Zwiebeln, in Scheiben
1 zerdrückte kleine Knoblauchzehe
1/4 Becher frisches Basilikum, in groben Stücken (oder 3–4 TL getrocknetes)
frisch gemahlener Pfeffer
500 g frische grüne Nudeln oder getrocknete Vollweizenspaghetti
geriebener würziger Käse

1 Frische Tomaten schälen und klein hacken. Die oben angeführten ersten 4 Zutaten in eine Pfanne geben und zum Aufkochen bringen.
2 Rund 10 Min. köcheln lassen, bis Gemüse gerade weich ist. Basilikum und Pfeffer einrühren, und weitere 5 Min. köcheln lassen (aber nicht zu stark kochen, siehe Hinweis).
3 Unterdessen Nudeln weich kochen, etwa 5–7 Min., wenn sie frisch sind; 10–12 Min., wenn es getrocknete sind. Gut abtropfen.
4 Nudeln auf einen Teller geben, löffelweise heiße Sauce darübergeben und mit Käse bestreuen. Käse zusätzlich auf den Tisch stellen.

Hinweis: Die Sauce ist sehr dünnflüssig. Man kann von der Flüssigkeit etwas abschütten und ein anderes Mal verwenden.

Tomaten-Käsebrot

Zubereitungszeit: 5 Min.
Kochzeit: keine
Für 4 Personen

1 Baguette
250 g Mozzarellakäse, in feine Scheiben geschnitten
3 reife Tomaten, in Scheiben geschnitten
1 TL feingehacktes Basilikum
6 EL Vinaigrette

1 Baguette der Länge nach halbieren. Eine Hälfte mit Mozzarella und Tomatenscheiben belegen.
2 Mit gehacktem Basilikum bestreuen und mit Vinaigrette beträufeln. Mit der zweiten Hälfte zudecken und fest in Folie einwickeln. 30 Min. in den Kühlschrank legen. Zum Servieren in Scheiben schneiden.

Tomaten-Pilzsauce für Nudeln

ZUCCHINI

Zucchini, die in Frankreich Courgettes heißen, werden im unreifen Zustand geerntet. Die besten Zucchini sind die kleinsten, denn ihre Schale ist noch weich. Bei großen Zucchini, die zäh werden und eine lederartige Schale haben, ist auch das Aroma längst nicht mehr so zart. Als Vorbereitung müssen Zucchini lediglich gewaschen werden, und man sollte beide Enden abschneiden. Man braucht sie nicht zu schälen, es sei denn, daß sie ziemlich groß sind.

Zucchini sind vielseitig verwendbar. Man kann sie roh mit Dips, im Salat, als Soufflé, gedünstet, gefüllt, gebraten oder gebacken essen.

ALS EIGENE MAHLZEIT

Zucchini-Rinderbraten

Zubereitungszeit: 5 Min.
Backzeit: 40 Min.
Für 4–6 Personen

500 g mageres Rinderhack
1 geriebene Zwiebel
1 geriebene große Zucchini
1 zerdrückte Knoblauchzehe
2 TL Sojasauce
1/4 Becher weiche Semmelbrösel
1 geschlagenes Ei

1 Zutaten vermischen. In eine 24 x 12 cm große Form geben und 35 Min. bei 180 °C backen.
2 Überschüssige Flüssigkeit abgießen. Auf einen Teller geben. Heiß oder kalt auftragen.

ALS BEILAGE

Zucchinisalat mit Sardellendressing

Zubereitungszeit: 6 Min.
Kochzeit: keine
Für 4–6 Personen

4 kleine Zucchini
2 kleine Möhren
125 ml italienisches Salatdressing
3 feingehackte Sardellenfilets
1 EL gehacktes frisches

Zucchinisalat mit Sardellendressing

oder 1 TL getrocknetes Basilikum
$^{1}/_{2}$ TL Zucker

1 Zucchini und Möhren waschen und putzen. Zucchini und Möhren mit einem Gemüsemesser der Länge nach von oben nach unten in dünne Streifen schneiden. 5 Min. in einer Schüssel mit Eiswasser kühlen. Abgießen. In einer Salatschüssel anordnen. In den Kühlschrank stellen.
2 Restliche Zutaten im Mixer zerkleinern. Kurz vor dem Servieren über den Zucchinisalat gießen.

REGISTER

Kursive Zahlen geben die Zahl der Seite an, auf der das Rezept abgebildet ist.